Diamantene Hochzeit

unser Gästebuch

Datum :

Die besten Glückwünsche von :

Fotos oder Skizzen.

Die besten Glückwünsche von: ....

Fotos oder Skizzen

Die besten Glückwünsche von:

Fotos oder Skizzen.

Die besten Glückwünsche von :

Fotos oder Skizzen

Die besten Glückwünsche von:

Fotos oder Skizzen.

Die besten Glückwünsche von :

Fotos oder Skizzen.

Die besten Glückwünsche von :

Fotos oder Skizzen.

Die besten Glückwünsche von:

Fotos oder Skizzen.

Die besten Glückwünsche von : ....

Fotos oder Skizzen.

Die besten Glückwünsche von :

Fotos oder Skizzen.

Die besten Glückwünsche von : ....

Fotos oder Skizzen

Die besten Glückwünsche von :

Fotos oder Skizzen.

Fotos oder Skizzen.

Die besten Glückwünsche von:

Fotos oder Skizzen

Die besten Glückwünsche von :

Fotos oder Skizzen.

Die besten Glückwünsche von :

Fotos oder Skizzen

Die besten Glückwünsche von: ....

Fotos oder Skizzen

Die besten Glückwünsche von :

Fotos oder Skizzen.

Die besten Glückwünsche von:

Fotos oder Skizzen

Die besten Glückwünsche von :

Fotos oder Skizzen

Die besten Glückwünsche von :

Fotos oder Skizzen

Die besten Glückwünsche von : ....

Fotos oder Skizzen

Die besten Glückwünsche von :

Fotos oder Skizzen

Die besten Glückwünsche von:

Fotos oder Skizzen

Die besten Glückwünsche von : ....

Fotos oder Skizzen

Die besten Glückwünsche von :

Fotos oder Skizzen

Die besten Glückwünsche von:

Fotos oder Skizzen.

Die besten Glückwünsche von :

Fotos oder Skizzen.

Die besten Glückwünsche von:

Fotos oder Skizzen

Die besten Glückwünsche von:

Fotos oder Skizzen.

Die besten Glückwünsche von :

Fotos oder Skizzen.

Die besten Glückwünsche von:

Fotos oder Skizzen.

Die besten Glückwünsche von :

Fotos oder Skizzen

Die besten Glückwünsche von :

Fotos oder Skizzen

Die besten Glückwünsche von :

Fotos oder Skizzen

Die besten Glückwünsche von :

Fotos oder Skizzen.

Die besten Glückwünsche von :

Die besten Glückwünsche von :

Die besten Glückwünsche von : ....

Fotos oder Skizzen.

Die besten Glückwünsche von :

Fotos oder Skizzen

Die besten Glückwünsche von:

Fotos oder Skizzen.

Die besten Glückwünsche von:

Fotos oder Skizzen.

Die besten Glückwünsche von :

Fotos oder Skizzen.

Die besten Glückwünsche von :

Fotos oder Skizzen.

Die besten Glückwünsche von :

Fotos oder Skizzen

Die besten Glückwünsche von :

Fotos oder Skizzen

Die besten Glückwünsche von :

Die besten Glückwünsche von :

Fotos oder Skizzen

Die besten Glückwünsche von :

Impressum :
Michael Reiter
Zinnwalder Steig 7a
12355 Berlin
E - Mail : mire.publishing@gmail.com